BEI GRIN MACHT SICH IHR WISSEN BEZAHLT

Implementierung eines digitalen Geschäftsprozessmanagements anhand eines fiktiven Logistikunternehmens

Alexander Leibold

Bibliografische Information der Deutschen Nationalbibliothek:

Die Deutsche Nationalbibliothek verzeichnet diese Publikation in der Deutschen Nationalbibliografie; detaillierte bibliografische Daten sind im Internet über http://dnb.d-nb.de abrufbar.

ISBN: 9783346765826
Dieses Buch ist auch als E-Book erhältlich.

Einsendeaufgabe

Titel der Arbeit:

Implementierung eines digitalen Geschäftsprozessmanagements am Beispiel eines fiktiven Logistikunternehmens

Aufgabennummer:

Alternative A

SRH Fernhochschule

Modul:

Digitale Prozesse

Studiengang:

Digital Business Management (M.Sc.)

Inhaltsverzeichnis

Seite

Abkürzungsverzeichnis II

Abbildungsverzeichnis III

Tabellenverzeichnis III

1 Aufgabe 1 1

    1.1 Einführung in digitale Prozesse und deren Unterscheidung zu Klassischen 1

    1.2 Herleitung digitaler Kompetenzen mit Anwendungsbeispielen 4

2 Aufgabe 2 8

    2.1 Gestaltung von Geschäftsprozessen in fünf Phasen 8

    2.2 Merkmale digitaler Geschäftsprozesse im Vergleich zu den Klassischen 11

    2.3 Begriffsbestimmung des Workflows sowie die Darstellung des Nutzens 14

3 Aufgabe 3: Implementierungsempfehlung eines GPM für die IntCompLog 15

Literaturverzeichnis 21

Abkürzungsverzeichnis

bspw.	beispielsweise
bzw.	beziehungsweise
d. h.	das heißt
ggf.	gegebenenfalls
ggü.	gegenüber
GPM	Geschäftsprozessmanagement
IT	Informationstechnologie
sog.	sogenannt
z. B.	zum Beispiel

Abbildungsverzeichnis

Seite

Abbildung 1: Prozess - Operativer Umfang einer Arbeitsleistung 1

Tabellenverzeichnis

Tabelle 1: Unterschiede zwischen analogen und digitalen Prozessen. 4

Tabelle 2: RACI-Matrix zur Implementierung eines GPM. 18

1 Aufgabe 1

1.1 Einführung in digitale Prozesse und deren Unterscheidung zu Klassischen

In den letzten Jahren hat das Thema Digitalisierung die Gesellschaft zunehmender beschäftigt und ab dem Jahr 2018 wurde der digitale Wandel omnipräsent.[1] Für Unternehmen gab es seither etliche Gestaltungsmöglichkeiten und Chancen die Digitalisierung für sich nutzbar zu machen. Nach Appelfeller und Feldmann wird ein Prozess definiert als „[...] eine Folge logisch zusammenhängender Aktivitäten, der Input zu Output transferiert. Prozesse sind das Herzstück jedes Unternehmens, da mit ihnen die Wertschöpfung direkt realisiert oder indirekt unterstützt wird."[2] Lasch stützt die Aussage und fügt hinzu, dass im Allgemeinen die Abwicklung von Geschäftsprozessen durch die Nutzung von betrieblichen Informations- und Kommunikationssystemen unterstützt wird.[3] Gemäß der DIN EN ISO 9000:2015 wird der Begriff „Prozess" als eine Gesamtheit zusammenhängender oder sich gegenseitig beeinflussender Tätigkeiten beschrieben, die Eingaben zum Erzielen eines vorgesehenen Ergebnisses nutzen. Hier kann gesagt werden, dass generell jede Art von Tätigkeit als ein Prozess abgesehen werden kann.

Abbildung 1: Prozess - Operativer Umfang einer Arbeitsleistung

Quelle: In enger Anlehnung an Bitcom 2016, S. 5.

Der gesamte operative Umfang einer Arbeitsleistung besteht demnach, wie in Abb. 1 zu erkennen, aus vielen einzelnen Tätigkeiten, die durch eine Eingabe bzw. einen Input beginnen und durch bestimmte Aktivitäten in ein Ergebnis bzw. einen Output verwandelt wird. Anzumerken ist hierbei, dass der Output (Ergebnis) eines Prozesses der Input (Input) des nächsten Prozesses ist.[4] Kostengünstiger und effizienter kann ein Gesamtprozess ablaufen, sofern dieser schneller und flexibler aufgebaut ist. Zudem sollten Prozesse immer ergebnisorientiert sein, um den Kundennutzen zu steigern.[5] Im Zuge der Digitalisierung werden Prozesse optimiert, indem man diese von traditionellen analogen in digitale Prozesse transformiert.

---

[1] Vgl. Appelfeller et al. 2018, S. 1.
[2] Appelfeller et al. 2018, S. 5.
[3] Vgl. Lasch 2021, S. 90.
[4] Vgl. Christ 2015, S. 40.
[5] Vgl. Hrsg. bitkom, S. 5.

Traditionelle analoge Prozesse sind demnach logisch zusammenhängende Aktivitäten, die ohne eine digitale Unterstützung von Informations- und Kommunikationssystemen ablaufen, d. h. es werden bspw. Lagerbestände manuell (von Hand und Checkliste in Papierform) überprüft und systematisch durchlaufen. Anzumerken ist hierbei, dass Chancen auf Effizienzgewinne und Kosteneinsparungen hierbei begrenzt sind,[6] da physikalische Gesetze analoge Prozesse limitieren. Als Beispiel hierfür dient zur Veranschaulichung ein Förderband, welches nicht beliebig schnell durchlaufen kann, da die Umdrehungsgeschwindigkeit limitiert ist. Des Weiteren kann bspw. auf einer analogen Bildkamera verwiesen werden, wo erst das Motiv sichtbar wird, nachdem die Aufnahme entwickelt wurde.[7]

Digitale Prozesse hingegen sind, wie zuvor beschrieben, logisch zusammenhängende Aktivitäten, die durch digitale Unterstützung ablaufen. Dies können auch onlinebasierte Versionen sein, welche analog-physische Geschäftsprozesse oder Aktivitäten durch digitale Prozesse oder die Integration von Informationstechnologie (IT) in bestehende Geschäftsprozesse substituieren.[8] Ziel dabei ist es, durch den vernetzten Einsatz von Informations- und Kommunikationstechnologien die Automatisierung betrieblicher Prozesse die Entwicklung neuer Produkte und Dienste voranzutreiben und im Ergebnis die Wertschöpfung zu steigern.[9]

Analoge und digitale Prozesse unterscheiden sich demnach in der Art des Prozessdigitalisierungsgrades voneinander, d. h. nicht alle Prozesse sind zu hundert Prozent analog oder digital. Bei der Auswahl des geeigneten Prozessdigitalisierungsgrades gibt es für unternehmen verschiedene Lösungen, die bei der Transformation von analoge in digitale Prozesse kategorisiert werden können. Appelfeller und Feldmann haben die unterschiedlichen Arten von digitalen Prozessen in folgende Kategorien unterteilt:[10]

- Digitalisierte Prozesse
- Digital automatisierte Prozesse
- Digital integrierte Prozesse
- Digital selbststeuernde, vernetzte Prozesse

Um einen **digitalisierten Prozess** handelt es sich dann, wenn einzelne oder gar alle Aktivitäten eines einzelnen Prozesses IT-systemgestützt durchgeführt werden. Der Digitalisierungsgrad digitalisierter Prozesse kann variieren und stellt dar, wie viel Prozent der Aktivitäten im Prozess IT-gestützt durchgeführt werden. Ein vollständig digitaler Prozess liegt dann vor, wenn alle Aktivitäten IT-gestützt durchgeführt werden oder sämtliche

---

[6] Vgl. Stockinger S. 2020, S. 83.
[7] Vgl. Heinemann et al. 2016, S. 31.
[8] Vgl. Becker et al. 2019, S. 305.
[9] Vgl. Hrsg. bitkom, S. 8.
[10] Vgl. Appelfeller et al. 2018, S. 20.

Datenmengen in digitaler Form bereitgestellt sind. Sofern keine IT-gestützten Tätigkeiten im Prozess integriert sind und gesamtheitlich papierbasiert gearbeitet wird, kann man von einem analogen Prozess sprechen.[11]

Digital automatisierte Prozesse stellen die zweite Kategorie dar. Hierbei werden die Prozessaktivitäten ohne Eingreifen eines Menschen ausgeführt, vielmehr werden die Aktivitäten im Prozess durch ein IT-System durchgeführt. Wertvolle Kapazitäten der Mitarbeiter im Unternehmen können dadurch anderweitig eingesetzt werden.[12] Eine gewisse Digitalisierung wird vorausgesetzt, um eine Automatisierung von Prozessen umzusetzen. Aufgrund dessen lässt sich analog zum Digitalisierungsgrad auch der digitale Automatisierungsgrad bestimmen, welcher den Prozentsatz, der automatisiert durchgeführten Prozessschritte darstellt. Sofern in einem Prozess alle Schritte vollumfänglich automatisiert durchgeführt werden, ergibt sich im Ergebnis ein voll automatisierter Prozess mit dem Automatisierungsgrad 100%. Hierbei müssen jedoch alle relevanten Daten digital vorliegen. Ein manueller und teilautomatisierter Prozess kann in den nicht automatisierten Aktivitäten analog als auch digitalisiert sein. Manuell heißt hier, dass die Aktivität von einem Menschen durchgeführt oder begleitet wird, egal ob mit oder ohne IT-Systemunterstützung.[13]

Unter **digital integrierten Prozessen** versteht man die teilweise Digitalisierung von Prozessschritten. Dabei wird zwischen vollintegrierten und teilintegrierten digitalen Prozessen unterschieden. Bei einem vollintegrierten digitalen Prozess werden alle Prozessaktivitäten durch einheitlich gekoppelte IT-Systeme und eine gemeinsame Datenbasis unterstützt und automatisiert durchgeführt.[14] Damit die Effizienz der digitalen Vernetzung maximiert werden kann, funktionieren diese als integrierte Gesamtlösung.[15] Sofern die gesamten Prozessaktivitäten durch ein einheitliches, integriertes IT-System mit einer zentralen Datenbank unterstützt oder automatisiert durchgeführt werden, beträgt der digitale Integrationsgrad hundert Prozent.[16] Dagegen versteht man unter teilintegrierten digitalen Prozessen, dass lediglich einzelne Aktivitäten im Prozess mittels IT-Systemen unterstützt werden. Dies resultiert oftmals aus fehlenden Schnittstellen, welche zur Datenübertragung von IT-Systemen untereinander essenziell sind. Hier muss der Mensch manuell als Überträger der Daten fungieren und Daten von einem System ins andere übertragen. Der digitale Integrationsgrad ist dann null Prozent, wenn keinerlei Integration von IT-Systemen vorliegt. Die manuelle Übertragung der Daten ist somit zwingend erforderlich.[17]

---

[11] Vgl. Appelfeller et al. 2018, S. 20–21.
[12] Vgl. Dreber/Müller 2021, S. 44.
[13] Vgl. Appelfeller et al. 2018, S. 22.
[14] Vgl. Appelfeller et al. 2018, S. 39.
[15] Vgl. Dreber/Müller 2021, S. 44.
[16] Vgl. Appelfeller et al. 2018, S. 22–23.
[17] Vgl. Dreber/Müller 2021, S. 44.

Beim **digital selbststeuernden, vernetzten Prozess** geht es nicht mehr nur um die Prozessunterstützung mittels IT-Systemen, sondern vielmehr darum, wie die Objekte der digitalen Transformation im weiteren Sinne in den Fokus gerückt werden können. Gleichermaßen kommunizieren digitalisierte Produkte sowie Maschinen und Mitarbeiter durch vernetzte IT-Systeme miteinander. Die Selbststeuerung wird beispielsweise dadurch erzielt, dass Produkte mit eingebetteten Systemen relevante Daten für die Produktion dezentral erhalten und zusätzlich mit Maschinen über deren eingebetteten Systeme kommunizieren können. Sobald keinerlei Fremdsteuerung bzw. zentrale Steuerung erfolgt, liegt der digitale Selbststeuerungsgrad bei hundert Prozent.[18]

Die Unterscheidung von digitalen zu analogen Prozessen in Anlehnung an die Prozessdigitalisierungsarten nach Appelfeller und Feldmann wird im Folgenden thematisiert:

Analoge Prozesse	Digitale Prozesse
Benötigt manuelle menschliche Aktivität	IT-Systemaktivität
Qualität des Outputs wird durch das individuelle Handeln der Prozessbeteiligten Individuen beeinflusst.	Qualität des Outputs wird durch einen immer gleichen Algorithmus sichergestellt. (Standardisierung)
Wissensstand des Prozessbeteiligten Individuums sollte eigenständig abrufbar sein.	Technische Ausstattung / Infrastruktur muss gegeben sein.
Manuelle Datenübertragung durch den Menschen. (z. B. kommen Dokumente zeitverzögert an, ortsabhängig, Eingabe-/Übertragungsfehler, keine Nachvollziehbarkeit)	Digitale systemgestützte Datenübertragung. (z. B. Echtzeitübertragung, ortsunabhängig, automatische Übertragung, mehrere Zugänge erhöht die Nachvollziehbarkeit durch Dritte)

Tabelle 1: Unterschiede zwischen analogen und digitalen Prozessen.

Quelle: Eigene Darstellung in enger Anlehnung an Dreber/Müller 2021, S. 9.

1.2 Herleitung digitaler Kompetenzen mit Anwendungsbeispielen

Der Bereich Digitalisierung ist eine technologische Veränderung, welche eine globale Vernetzung von Wirtschaft und Gesellschaft ermöglicht und gleichermaßen ganze Branchen transformiert.[19] Unternehmen müssen sich den digitalen Technologien annehmen und Veränderungsfähigkeiten mitbringen. Dies ist eine Voraussetzung dafür, digitale operative Kompetenzen aufzubauen. „Nur durch eine weitreichende digitale Transformation der

---

[18] Vgl. Appelfeller et al. 2018, S. 23–24.
[19] Vgl. Proff et al. 2021, S. 2.

Leistungen und Fähigkeiten können Unternehmen wettbewerbsfähig bleiben und neue Wachstumspotenziale schaffen."[20]

In der allgemeinen Bildungsdiskussion wird unter Kompetenz die Fähigkeiten eines Menschen verstanden, eine Verbindung von Wissen und Können auszubilden, um bestimmte Aufgaben innerhalb eines bestimmten Handlungskontextes zu bewältigen. Bei digitalen Kompetenzen sollen Menschen in die Lage versetzt werden, digitale Technologien anzuwenden, zu nutzen und weiterreichend die digitale Transformation von Geschäftsprozessen mitvoranzutreiben. Es herrschen hierbei drei Dimensionen:[21]

- digitale fachlich-technische Kompetenzen
- digitale Businesskompetenzen
- digitale Fitness

Meist sorgen technische Neuerungen für veränderte Stellenprofile, was ein anderer Anforderungskatalog an die Stelle bedeutet. So muss die gesamte Bandbreite **digitaler fachlich-technischer Kompetenzen** im souveränen Umgang mit Mobilen Endgeräten bis hin zu komplexen Big-Data-Analysen abgedeckt werden. Das heißt zudem, dass die Ausprägung der Kompetenzen sehr an die jeweiligen Aufgaben gebunden ist.[22] „Daten sind der Treibstoff der digitalen Transformation und spielen auch für die kundenorientierte Ausgestaltung, Flexibilisierung und Optimierung der Prozesse eine zentrale Rolle."[23] Unternehmerische Entscheidungen werden auf Grundlage von Daten getroffen, weswegen die Informations- und Datenkompetenz eine allgemeine digitale Fachkompetenz darstellt.

Die Auswirkung der Digitalisierung zeigt sich im Gegensatz zu den digitalen Fachkompetenzen bei den **digitalen Businesskompetenzen** für alle Mitarbeiter eines Unternehmens und nicht für den Einzelnen bzw. einzelne Abteilungen. Dabei handelt es sich häufig um eine inhaltliche Verschiebung bestehender Kompetenzen. Es stellen sich vier digitale Businesskompetenzen heraus:[24]

1. Eigenverantwortlichkeit
2. Kommunikationsfähigkeit
3. Vernetzungskompetenz
4. Agilität

---

[20] Proff et al. 2021, S. 2.
[21] Vgl. Dreber/Müller 2021, S. 77.
[22] Vgl. Hrsg. DGFP 2016, S. 10.
[23] Brucker-Kley et al. 2018, S. 10.
[24] Vgl. Hrsg. DGFP 2016, S. 12.

1. Eigenverantwortlichkeit

Die Mitarbeiter müssen proaktiv Informationen einholen, um eigenverantwortlich Entscheidungen in einem begrenzten Rahmen treffen zu können. Die Autorisierung wird dabei angestrebt, damit ein hohes Maß an Effizienz in Bezug auf das Zeit- und Ressourcenmanagement sowie der Fokus auf die Selbststeuerung des Mitarbeiters entsteht.[25] So bekommt der Mitarbeiter die Einschätzung darüber, welche Auswirkungen sein Handeln hat.

2. Kommunikationsfähigkeit

Essenziell bei der Kommunikationsfähigkeit ist eine aktive und effiziente interne und externe Kommunikation zu forcieren.[26] Um die gesamte Bandbreite an Kommunikationsmöglichen abdecken zu können bedarf es einer breiten Auswahl an Kommunikationskanälen. Hierbei ist zu erwähnen, dass durch die vorangeschrittene digitale Informations- und Kommunikationstechnologie neue Wege eröffnet wurden. Die Beteiligung auf Social-Media-Plattformen, Anbindung an ein internes Intranet zum Teilen von Wissen und Expertise sowie die Verwendung von beispielsweise Microsoft Teams oder E-Mai-Kommunikation sollten genutzt werden.[27] Anzumerken ist bei der Verwendung unterschiedlicher Kommunikationskanäle jedoch, dass die Mitarbeiter im Unternehmen stehts wissen müssen, wo welche Daten zu finden sind und ein Bewusstsein darüber herrscht, welche Konsequenzen durch eine Kommunikation resultieren können.[28]

3. Vernetzungskompetenz

Räumliche und zeitliche Vernetzung zwischen einander sollte im Unternehmen fokussiert werden, um zu einer schnellen und effizienten Problemlösung beizutragen. Aufgrund dessen sollten reale und virtuelle Netzwerke aufgebaut, gefördert und gepflegt werden, sodass man von überall einen Ansprechpartner im Unternehmen kontaktieren kann.[29] Darüber hinaus ist es wichtig, eine Share Economy zu implementieren - Wissen und Informationen dauerhaft bereitzustellen und zu teilen (vgl. Kommunikation), um Synergieeffekte nutzbar zu machen.[30]

4. Agilität

Die Arbeitswelt wird schnelllebiger und verändert sich rasant. So müssen auch Mitarbeiter Veränderungsbereitschaft zeigen, um mit dem schnellen digitalen Wandel mitzuhalten. Alt bewährte Prozesse und Arbeitsabläufe können morgen schon veraltet sein und man muss

---

[25] Vgl. Hrsg. DGFP 2016, S. 13.
[26] Vgl. Bucher et al. 2010, S. 330.
[27] Vgl. Dreber/Müller 2021, S. 79.
[28] Vgl. Hrsg. DGFP 2016, S. 13.
[29] Vgl. Dreber/Müller 2021, S. 79.
[30] Vgl. Hrsg. DGFP 2016, S. 13.

neue Wege gehen, um das Prozessziel zu erreichen. Eine stetige Lernbereitschaft und Motivation bzw. Engagement beim Mitarbeiter ist Voraussetzung für die Agilität im Unternehmen. Es müssen Entscheidungen revidiert werden, damit sich andere Ansätze daraus erschließen können.[31]

Summa Summarum lassen sich digitale Businesskompetenzen in die Fachkompetenzen einbinden, um einen Mitarbeite in die Lage zu versetzen, sich die geeigneten Daten bzw. Informationen mithilfe von den jeweiligen Technologien heranzuziehen sowie diese je nach seinem individuellen Aufgabengebiet ein- und umzusetzen.[32]

Die geforderte Businesstransformation unter dem Einfluss der Digitalisierung stellt eine ganzheitliche Erweiterung digitaler Kompetenzen im Unternehmen heraus. Dabei sollte jeder Mitarbeiter im Umgang mit Technologien und ihrer digitalen Möglichkeiten versiert sein.[33] Die **digitale Fitness** betrachtet hierbei die Offenheit des Mitarbeiters in Bezug auf die neue Technologie inkludiert der digitalen Möglichkeiten, um die Digitalisierung zu nutzen und wertschöpfend umzusetzen. So gelingt die mittelfristige Anpassung des Geschäftsmodells an die neuen Anforderungen und schafft die Entwicklung der sogenannten digitalen Fitness der Belegschaft.[34] Dadurch dass ein Wissen darüber existiert, welche Geräte z. B. Tools, Apps, etc. für welche Aufgaben am besten geeignet sind, wird ein Prozess bzw. Arbeitsvorgang unterstützt und nachhaltig erleichtert. So gelingt eine Übersetzung des technischen Wissens in das Tagesgeschäft der Belegschaft.[35]

---

[31] Vgl. Hrsg. DGFP 2016, S. 13.
[32] Vgl. Dreber/Müller 2021, S. 77–78.
[33] Vgl. Dreber/Müller 2021, S. 79.
[34] Vgl. Hrsg. DGFP 2016, S. 14.
[35] Vgl. Dreber/Müller 2021, S. 79–80.

2 Aufgabe 2

2.1 Gestaltung von Geschäftsprozessen in fünf Phasen

Zunächst werden bei einem Geschäftsprozess die Anforderungen und Bedürfnisse des Kunden betrachtet. Auf dieser Grundlage wird durch wertschöpfende Aktivitäten ein Output, d. h. die geforderte Leistung für den Kunden, erstellt. Ein Geschäftsprozess wird als End-To-End-Geschäftsprozess verstanden, bei dem im Zentrum der Bedarf des Kunden identifiziert wird, um anschließend alle notwendigen Aktivitäten daran auszurichten, um schlussendlich das Kundenbedürfnis durch ein zu erstellendes Produkt oder eine andere Leistung zu befriedigen.[36] „Der Geschäftsprozess wird damit zum Kern eines Verwaltungsmanagementsystems und führt sowohl Strategie, Qualitätsmanagement, Wissensmanagement und Controlling, als auch den Aspekt der Kundenorientierung an einer zentralen Stelle zusammen."[37] Die Gestaltung von Geschäftsprozessen wird in der Regel in fünf Phasen differenziert:

1. Identifikation des Ist-Zustandes
2. Analyse des Ist-Zustandes
3. Modellierung des Soll-Zustandes
4. Implementierung
5. Controlling

1. Identifikation des Ist-Zustandes

Im ersten Schritt geht es darum den Prozess zu identifizieren, um den es generell geht. Einen Gesamtüberblick über die aktuelle Situation im Betrachtungsbereich zu verschaffen und zu verstehen wie einzelne Geschäftsprozesse aufgebaut sind, hilft bei dem Verständnis über das Zusammenwirken der beteiligten Schnittstellen.[38] Die genaue Zusammensetzung des Geschäftsprozesses wird auf Grundlage der End-to-End-Betrachtung ersichtlich.

2. Analyse des Ist-Zustandes

Bei der Analyse des Ist-Zustandes wird mithilfe von qualitativen und quantitativen Methoden nach Optimierungspotenzial gesucht. Es lässt sich so erkennen, wo sich ein Prozess beschleunigen lässt, wo Schnittstellen minimiert werden können oder auch eine qualitative Aufwertung erfolgen kann.[39] Anzumerken ist hierbei, dass eine objektive Sichtweise auf den Prozess oftmals introvertierten Mitarbeitenden schwerfällt. Ein breites Instrumentarium an

---

[36] Vgl. Becker et al. 2019, S. 179.
[37] Hrsg. Netzwerk Prozessmanagement 2018, S. 82.
[38] Vgl. Hrsg. Netzwerk Prozessmanagement 2018, S. 56.
[39] Vgl. Hrsg. Netzwerk Prozessmanagement 2018, S. 3.

Methoden schafft an dieser Stelle Abhilfe. Der Fokus wird bei der Analyse des Ist-Zustandes jedoch auf die Potenzialanalyse und das Benchmarking gelegt.

Die **Potenzialanalyse** verfolgt das Ziel Chancen und Risiken eines Unternehmens frühzeitig zu erkennen und zu klassifizieren. Eine Potenzialanalyse untersucht Geschäftsprozesse systematisch und erfolgt anhand von ablauf-, aufbau- sowie IT-unterstützter Aspekte.[40] Hier eignet sich eine der bekanntesten Analysen nach Michael Porter. Jedes Unternehmen besitzt demnach seine individuelle Wertkette (Value Chain).[41] Dabei wird das zu analysierende Unternehmen in einzelne strategisch wichtige Aktivitäten, die sog. Wertaktivitäten, zerlegt und jede Aktivität auf ihren spezifischen Beitrag zur Wertschöpfung analysiert. Es werden sowohl Faktoren zu Kosten dargestellt als auch deren Leistung als Werte des Endprodukts. Anhand der Wertekette soll erkannt werden, welche Unternehmensaktivitäten für einen potenziellen Wettbewerbsvorteil sorgen können und wie die Differenz zwischen Ertrag und Kostenfaktoren maximiert werden kann. Für den Analyseerfolg ist die Objektivität der Analyse elementar wichtig.[42]

Der Begriff **Benchmark** stammt aus dem Englischen und bedeutet übersetzt Maßstab. Dieser steht für eine Bezugs- oder Richtgröße, d. h. es ist ein systematischer Vergleich eigener Produkte und/oder Dienstleistungen zu einem "Klassenbesten" mit dem Ziel der kontinuierlichen Verbesserung.[43] Mit einem definierten Ablaufsystem werden z. B. Prozesse, Produkte oder Geschäftsbereiche mit Marktbegleitern oder Unternehmen aus anderen Branchen verglichen. Daraus lassen sich im Ergebnis Handlungsbedarfe und Maßnahmenpakete für eine kontinuierliche Verbesserung ableiten.[44] Es lassen sich drei unterschiedliche Arten von Benchmarking unterscheiden: [45]

- internes Benchmarking
- wettbewerbsorientiertes Benchmarking
- funktionales Benchmarking

Beim **internen Benchmarking** werden einzelne Unternehmensbereiche bezugnehmend auf u.a. Prozesse, Methoden oder Unternehmenseinheiten miteinander verglichen. Als Beispiel können hier Vergleiche von verschiedenen Standorten oder Cost-Centern einer Unternehmensgruppe genannt werden.[46]

---

[40] Vgl. Bayer/Kühn 2013, S. 204.
[41] Vgl. Dreber 2021, S. 57.
[42] Vgl. Dreber 2021, S. 122.
[43] Vgl. Hrsg. Netzwerk Prozessmanagement 2018, S. 51.
[44] Vgl. Appelfeller et al. 2018, S. 205.
[45] Vgl. Dreber 2021, S. 58.
[46] Vgl. Hrsg. Forum Verlag Herkert GmbH 2022.

Das sog. **wettbewerbsorientierte Benchmarking** beinhaltet die Identifikation von branchenbezogenen „Best Practices" unter Vergleich aller Aktivitäten und Methoden des eigenen Unternehmens mit einem direkten Konkurrenzunternehmen.[47] Als Beispiel kann sich eine Bankenfirma mit einer anderen Bankenfirma vergleichen.

Beim **funktionalen Benchmarking** stellt sich der Vergleich von Aktivitäten und Methoden aus identischen Funktionsbereichen von branchenfremden Unternehmen heraus. Neue Ansätze entstehen dabei aus eigenen Prozessverbesserungen resultierend aus der Übertragung von Lösungen branchenfremder Unternehmen auf das eigene Unternehmen. Als Beispiel kann eine Bankenfirma sich mit einem Automobilbauer vergleichen und durch eine geeignete Prüfung eigene Prozessverbesserungen erzielen.[48]

3. Modellierung des Soll-Zustandes

Bei der Modellierung eines Soll-Prozesses orientiert man sich an den Ergebnissen der Ist-Analyse und fokussiert sich gleichermaßen auf die Erreichung der Geschäftsziele.[49] Verschiedene qualitative Methoden eignen sich, um zur Generierung von Verbesserungsinhalten um vom Ist-Zustand zum gewünschten Soll-Zustand zu gelangen.[50] Ein ständiger Abgleich vom Ist- und Soll-Zustand des Prozesses führt nachhaltig zu einem reibungsfreien Ablauf für den künftigen Zustand des Prozesses mit allen Schnittstellen zu anderen Prozessen.[51]

4. Implementierung

Bei der **Implementierung** werden die erarbeiteten und modellierten Soll-Prozesse in organisatorischer wie auch in technischer Hinsicht im Unternehmen eingeführt und verankert. Diese Phase bildet die letzte Vorbereitung für die reale Durchführung des erarbeiteten Soll-Konzepts.[52] Konzepte und Techniken aus dem Changemanagement sollten bei der Verankerung und Implementierung des neuen Soll-Prozesses berücksichtigt und eingebunden werden.[53] Danach werden die neuen Soll-Prozesse im alltäglichen „Doing" bzw. Tagesgeschäft der MA im Unternehmen implementiert. Dabei sollten alle relevanten Informationen und Unterlagen, welche die Implementierung betreffen, erarbeitet sein.[54] „Während der Prozessdurchführung können ebenso bereits Daten gesammelt werden, die in das Prozesscontrolling einfließen."[55]

---

[47] Vgl. NWB Verlag GmbH &amp und KG, Co. 2010.
[48] Vgl. Hrsg. NWB Verlag GmbH & Co. KG 2010.
[49] Vgl. Appelfeller et al. 2018, S. 70.
[50] Vgl. Bayer/Kühn 2013, S. 203.
[51] Vgl. Hrsg. Netzwerk Prozessmanagement 2018, S. 57.
[52] Vgl. Wagner/Patzak 2020, S. 76.
[53] Vgl. Bayer/Kühn 2013, S. 33.
[54] Vgl. Wagner/Patzak 2020, S. 119.
[55] Bayer/Kühn 2013, S. 25.

5. Controlling

Das **Controlling** bietet die Möglichkeit, in regelmäßigen Abständen Auswertungen der zuvor definierten Prozessziele, der Kennzahlen sowie der Vorgaben zu analysieren und zu bewerten.[56] Diese Bewertung sollte nach Bayer und Kühn hinsichtlich Kosten und Nutzen erstellt werden. Die Steuerung der Prozesse wird durch die Ergebnisse der Auswertung sichergestellt. Sobald die Ergebnisse nicht den zuvor definierten Anforderungen genügen, bildet dies die Grundlage für ein erneutes Gestalten von Geschäftsprozessen, was den Charakter eines KVP unterstreicht.[57] Zum Controlling von Geschäftsprozessen wird häufig die sog. Balanced Scorecard (BSC) eingesetzt. Diese unterteilt sich i.d.R. in die vier Bereiche Finanzen, Kunden, Prozesse und Potenziale, auf denen jeweils strategische Ziele formuliert und mit Kennzahlen hinterlegt werden, um messbare Ergebnisse zu erzielen.[58]

2.2 Merkmale digitaler Geschäftsprozesse im Vergleich zu den Klassischen

Grundlegend ist zu den Merkmalen digitaler Geschäftsprozesse im Vergleich zu klassischen Geschäftsprozessen zu erwähnen, dass es in der Literatur keine vollständige und allgemeingültige Aufzählung gibt. Die nachfolgende Nennung von Merkmalskategorien basiert auf den aktuell zu erkennenden Trends und Besonderheiten im Kontext der Digitalisierung von Geschäftsprozessen:[59]

- Mobile/ortsunabhängige Verfügbarkeit
- Transparenz
- Geschwindigkeit
- Automatisierung
- Veränderungsdynamik aufgrund zunehmender Kombinatorik
- Fließende Übergänge zwischen unterschiedlichen Akteuren

Mit der Unterstützung mobiler IT wird Beschäftigten eine **mobile/ortsunabhängige Verfügbarkeit** bzw. ein Fernzugriff auf die interne Unternehmensinfrastruktur via VPN ermöglicht und die Arbeit kann überall dort aufgenommen werden, wo ein Internetzugriff gewährleistet wird.[60] So lassen sich Daten von jedem Arbeitserfüllungsort aus einsehen, bearbeiten und stehen 24/7 zur Verfügung. Sind die technischen Voraussetzungen gegeben, können Beschäftigte zeit- und ortsunabhängiges Arbeiten mit einem hohen Grad an Selbstbestimmung forcieren.[61] Die Informationsbeschaffung, Produkt- sowie Preisvergleiche können digital verrichtet werden und daher ortsunabhängig, woraus sich Informationsasymmetrien

---

[56] Vgl. Dreber 2021, S. 53.
[57] Vgl. Bayer/Kühn 2013, S. 33.
[58] Vgl. Dreber 2021, S. 60.
[59] Vgl. Dreber/Müller 2021, S. 21.
[60] Vgl. Hrsg. BMI 2017, S. 2.
[61] Vgl. Hrsg. DGFP 2016, S. 36.

reduzieren und wiederum den Informationsstand erhöht.[62] Analoge Geschäftsprozesse müssen hingegen ortsgebunden am Standort des Unternehmens verrichtet werden (z. B. Kommissionierung von Lagerware).

Die **Transparenz** in Strukturen, Abläufen und Geschäftsprozessen ermöglicht Innovationen in den Bereichen Produkte/Dienstleistungen und Prozessen.[63] Insbesondere digitale Prozesse zeichnen sich durch eine hohe Transparenz aus. Aufgrund der zunehmenden Vernetzung und gestiegenen Komplexität der Geschäftsprozesse im Unternehmenden wird die Transparenz als Grundvoraussetzung für Optimierungsmaßnahmen im digitalen Raum angesehen.[64] „Prozesse laufen nicht (mehr) isoliert in den einzelnen Abteilungen ab, sondern werden zunehmend zu Querschnittsprozessen über mehrere Abteilungen hinweg."[65] Aufgrund dessen müssen Verantwortlichkeiten und die Integration der beteiligten Schnittstellen für den Erfolg einer Prozessoptimierung geklärt sein. Zusätzlich wird durch den Einsatz von wissensbasierten IT-Systemen die Transparenz dahingehend erhöht, dass beispielsweise Problembeschreibungen und -lösungen digital dargestellt und eingesehen werden können. Das Wissen der gesamten Organisation wird dadurch nachhaltig erhöht.[66] Schnelligkeit und Multiplikation der Arbeitsergebnisse resultiert zudem aus der Transparenz digitaler Geschäftsprozesse, wohingegen analoge Prozesse meist in singulärer Weise ablaufen und keine Synergieeffekte genutzt werden können.

Ein weiteres Merkmal digitaler Geschäftsprozesse ist die **Geschwindigkeit**, die von Prozessen, Datenbereitstellung oder Produkten ausgehen. Die resultierende Zeitersparnis können durch Maschinen, Menschen oder unterstützend durch IT-Systeme erzielt werden. Maschinen haben im Gegensatz zu Menschen keinen Biorhythmus der rund um die Uhr, ohne Qualität einzubüßen, Arbeit auf einem immer gleichen Produktivitätsniveau verrichten kann.[67] Durch Algorithmen können große Datenmengen in Sekundenschnelle digital abgerufen und verarbeitet werden, wohingegen eine analoge Verarbeitung exorbitant mehr Zeit in Anspruch nehmen würde.[68] Des Weiteren fällt die Ausschuss-/Fehlerquote bei Maschinen wesentlich geringer aus als bei Menschen, die zudem harten und weichen Einflussfaktoren unterliegen.

Durch die **Automatisierung** von Geschäftsprozessen oder Produktionsabläufen können Abfolgen im Idealfall sogar völlig autonom ablaufen.[69] Hier verbergen sich diverse

---

[62] Vgl. Stieninger et al. 2019, S. 49.
[63] Vgl. Simon/Hientzsch 2014, S. VI.
[64] Vgl. Stieninger et al. 2019, S. 55.
[65] Stieninger et al. 2019, S. 55.
[66] Vgl. Schmidt 2012, S. 167.
[67] Vgl. Dreber/Müller 2021, S. 23.
[68] Vgl. Christ 2015, S. 177.
[69] Vgl. Müller-Seitz et al. 2017, S. 379.

Einsparpotenziale wie z. B. durch die Verringerung des Stundensatzes bei höherer Automatisierung betroffener Arbeitsstationen. Die Automatisierung inkludiert die zuvor beschriebenen Merkmale mobile/ortsunabhängige Verfügbarkeit, Transparenz und Geschwindigkeit, was zudem Effekte für Effizienzgewinne und Kostensenkungen in sich birgt.[70]

Hierbei steht das Merkmal **Kombinatorik** im Vordergrund. Beispielsweise gelingt es bei Produkten, diese modular zusammenzubauen und immer wieder neu zusammenzusetzen, um Kombinationen daraus abzuleiten. Dies funktioniert auch bei Geschäftsprozessen, die nach einem Baukastenprinzip funktionieren.[71] Die Anpassbarkeit ist dabei essenziell, woraus immer wieder Veränderungen resultieren und die Dynamik von Geschäftsprozessen entsteht.

Fließende Übergänge zwischen unterschiedlichen unternehmensinternen und -externen Akteuren wird durch die Schnittstellenkommunikation realisiert. Im Wesentlichen wird durch den Einsatz digitaler Technologien die Informationsbeschaffung und -erklärung erleichtert. Lieferanten wissen beispielsweise direkt, wann eine Ware an welchen Ort geliefert werden muss, Bestellvorgänge können 24/7 abgewickelt werden und eine globale Vernetzung wird sichergestellt. „Die Prognosen, was ein Trend werden könnte, sind dank entsprechender Algorithmen so perfektioniert, dass der Kunde selbst sich seines Handelns und seiner Wünsche nicht bewusst ist, seine Daten verraten jedoch mehr über ihn, als er selbst weiß."[72] So kann auf einer Datenbasis beruhend die Zielgruppe präzise mit weiteren Marketingmaterialien bespielt werden. Mit analogen Abläufen würden die fließenden Übergänge Hürden aufzeigen, welche lediglich mit viel Aufwand und Kosten zu überwinden wären.

Die vier Merkmale digitaler Geschäftsprozesse im Vergleich zu klassischen Geschäftsprozessen zeigen einige Vorteile, welche mit analogen Prozessen nicht zu realisieren wären. Die Digitalisierung in Geschäftsprozesse und den täglichen Ablauf zu integrieren, bringt eine Qualitäts- sowie Produktivitätssteigerung mit sich, welche mit analogen Abläufen in dem Maße nicht umzusetzen wäre. Hinsichtlich der sozialen Dimension können Nutzerpotenziale identifiziert werden, die mit einer Digitalisierung von Geschäftsprozessen einhergehen. Digitale Assistenzsysteme, wie auch Nutzen stiftende Mensch-Maschine-Schnittstellen führen zu einer Vereinfachung von Prozessen und einer Arbeitserleichterung des Mitarbeiters. Resultierend daraus kann dies zu einer erhöhten Mitarbeiterzufriedenheit führen.[73]

---

[70] Vgl. Proff et al. 2021, S. 127.
[71] Vgl. Dreber/Müller 2021, S. 25.
[72] Dreber/Müller 2021, S. 26.
[73] Vgl. Becker et al. 2019, S. 516.

2.3 Begriffsbestimmung des Workflows sowie die Darstellung des Nutzens

Der Begriff Workflow umfasst einen formal beschriebenen, ganz oder teilweise durch ein Softwaresystem automatisierten Prozess[74] oder auch Geschäftsprozess. Dabei werden Informationen von einem Beteiligten an einen anderen weitergeleitet, um einen Arbeitsauftrag auszuführen.[75] Ein Prozess als solches hingegen beschreibt, welche Schritte nacheinander und in welcher Reihenfolge notwendig sind, um ein vordefiniertes Ziel zu erreichen. Der Workflow gibt allerdings Antworten darauf, wie die technische Realisierung des Prozesses umgesetzt wird.[76] Zeitlich, fachlich und ressourcenbezogene Spezifikationen werden in einem Workflow inkludiert und sind für die automatische Steuerung des Arbeitsablaufes auf operativer Ebene erforderlich.[77] Diese werden gemäß den zeitlichen und logischen Abhängigkeiten im zugrunde liegenden Prozessmodell festgelegt.[78] Mitarbeiter oder Anwendungsprogramme sind hierbei auszuführende Kraft und lösen weitere Arbeitsschritte aus. Im Allgemeinen kann ein Workflow auch Teil eines Prozesses sein.[79]

Es existieren zudem sog. digitale Workflow-Systeme, die die Steuerung von Vorgangsschritten übernehmen und mithilfe einer Software diese abarbeiten. Die spezifischen Aufgaben werden systematisch den vorgesehenen IT-Services oder Personen als Aktoren zugeordnet. Somit ist ein digitales Workflow-System ein Softwaresystem auch Process Engine oder auch Workflow Engine genannt.[80] „Im Idealfall können Prozessbeschreibungen direkt in Workflow-Systeme übernommen werden."[81] Resultierend aus der Nutzung von Workflows im Zusammenhang mit digitalen Geschäftsprozessen ergeben sich weitere Nutzenpotenziale.

In allen Abteilungen einer Organisation (z. B. Einkauf, Marketing/Vertrieb, Produktion) können Workflows digital abgebildet werden, sobald gut vorstrukturierte Prozesse mit hoher Wiederholfrequenz vorliegen.[82] Den größten Nutzen ergeben sich bei der Implementierung von Workflows im Zusammenhang mit digitalen Geschäftsprozessen in Bereichen des Unternehmens wo papierbasiert gearbeitet wird. Beispielsweise lassen sich Rechnungen, Urlaubsanträge, auch Bewerbungen und Krankmeldungen sowie weitere Standardfälle mittels digitaler Workflows nachhaltig optimieren, wodurch Kosten- und Zeiteffizienz, Transparenz, Agilität und Prozessqualität entstehen.[83]

---

[74] Vgl. Hrsg. Netzwerk Prozessmanagement 2018, S. 67.
[75] Vgl. Dumas et al. 2021, S. 400.
[76] Vgl. Dreber/Müller 2021, S. 50.
[77] Vgl. Dumas et al. 2021, S. 400.
[78] Vgl. Dumas et al. 2021, S. 400.
[79] Vgl. Hrsg. Netzwerk Prozessmanagement 2018, S. 67.
[80] Vgl. Fleischmann et al. 2018, S. 13.
[81] Fleischmann et al. 2018, S. 13.
[82] Vgl. Scheer 2005, S. 121.
[83] Vgl. Hrsg. linqi GmbH 2020.

3 Aufgabe 3: Implementierungsempfehlung eines GPM für die IntCompLog

IntCompLog ist ein fiktives Logistikunternehmen mit dem Firmensitz in Schönerstadt und beschäftigt rund 300 Mitarbeiter. Offiziell soll ein Geschäftsprozessmanagement (GPM) eingeführt werden, da in der Vergangenheit schon einiges in den Bereichen Digitalisierung und Optimierung von Prozessen unternommen wurde. Hier ist IntCompLog zwar auf einem guten Stand, jedoch fehlt bislang die Struktur unter Berücksichtigung einer ganzheitlichen Unternehmensbetrachtung. Zunächst muss ein einheitliches Verständnis für die Begrifflichkeit des Geschäftsprozessmanagement herrschen. In Kap. 2 wurde bereits die Gestaltung von Geschäftsprozessen in fünf Phasen beschrieben, wie auch deren Ziele. Darauf aufbauend wird der Begriff GPM nachfolgend eingeführt. Das GPM ist ein „[…] integriertes Konzept von Führung, Organisation und Controlling von Prozessen; ermöglicht die zielgerichtete Steuerung der Prozesse; richtet die Organisation auf die Erfüllung der Bedürfnisse der Kunden und anderer Interessengruppen aus."[84] „[…] und dient dazu, die strategischen und operativen Ziele der Organisation bzw. des Unternehmens zu erreichen."[85] Bayer und Kühn ergänzen die Definition zusätzlich um „[…] die Planung, Steuerung, Ausführung und Kontrolle aller Geschäftsprozesse unter Berücksichtigung des Umfelds […]. Das Umfeld beinhaltet z. B. die Unternehmensstrategie, die Aufbauorganisation, technische Ressourcen und die Informationstechnologie (IT)."[86] Ziel eines GPM ist es den Automatisierungsgrad bei Geschäftsprozessen zu maximieren und durch die Strukturierung die kurz-, mittel-, und langfristigen Ziele des Unternehmens zu erreichen. In diesem Zusammenhang wird auch von Digital Process Management gesprochen.[87]

Um das strukturierte Vorgehen, sowie den Erfolg der Einführung eines GPM sicherstellen zu können, müssen gewisse Rahmenbedingungen/Modelle herangezogen werden, die die Einführung unterstützen. Management im Allgemeinen wird immer komplexer und anspruchsvoller und in einer vernetzten, unübersichtlichen Welt beruht wirksames Management auf vielfältigen Voraussetzungen.[88] Für die IntCompLog eignet sich daher das St. Galler-Management-Modell (SGMM), da dieses ein ganzheitlicher Ansatz darstellt, welcher die Komplexität der Unternehmensführung strukturiert, handhabbar macht und zugleich als Leitlinie fungiert. Es wird dadurch aufgezeigt, welche Bereiche und Ebenen innerhalb des Unternehmens im Blick behalten werden sollten.[89] Die Grundlage des SGMM stellt die

---

[84] Hrsg. Netzwerk Prozessmanagement 2018, S. 61.
[85] Becker et al. 2019, S. 181.
[86] Bayer/Kühn 2013, S. 22.
[87] Vgl. Becker et al. 2019, S. 181.
[88] Vgl. Hrsg. IMP-HSG, 2022.
[89] Vgl. Dreber 2021, S. 14.

Unterscheidung der drei Managementebenen Normatives Management, Strategisches Management und Operatives Management dar.[90]

Innerhalb der Managementebene **Normatives Management** werden die generellen Ziele des Unternehmens mit Normen, Spielregeln und Prinzipien behandelt und die, die auf die Lebens- und Entwicklungsfähigkeit des Unternehmens ausgerichtet sind, sichergestellt.[91] Zudem werden die Visionen und Missionen formuliert und die Werte eines Unternehmens und die damit einhergehende Kultur festgelegt.[92]

Das **Strategische Management** leitet sich aus dem normativen Management ab.[93] Konkreten wettbewerbsrelevanten Aspekte werden durch den Aufbau, die Pflege und die Nutzung von Erfolgspotenzialen ersichtlich.[94] Dabei hat es die Aufgabe, die Organisationstrukturen, Programme und das Problemverhalten sowie Managementsysteme für das operative Handeln bereitzustellen und zu entwickeln.[95]

Im **Operativen Management** finden die tagtäglichen Entscheidungen und Handlungen nach den Vorgaben des normativen und strategischen Managements statt. Menschen in ihrem Leistungs- und Kooperationsverhalten bestimmen mit ihrem Zusammenwirken maßgeblich den Erfolg.[96] Leistungs-, finanz- und informationswirtschaftliche Prozesse finden hier ihre Anwendung.[97]

Bezogen auf das fiktive Logistikunternehmen IntCompLog ist eine chronologische Vorgehensweise zu empfehlen, d. h. auf normativer Managementebene sollte sich das GPM an den generellen Zielen des Unternehmens, der Vision und Mission sowie den Werten orientieren. Aus der Ableitung der normativen Ebene ergibt sich die Strategische Managementebene, worin es Organisationstrukturen und Managementsysteme bereitzustellen und zu entwickeln gilt und mit geeigneten Projekten und Programmen für das operative Handeln gestützt werden. Auf Operativer Managementebene wirken Menschen und Maschinen in Leistungs-, finanz- und informationswirtschaftlichen Prozessen mit. Hierbei ist zu untersuchen welche Digitalisierungsoptimierungen es noch gibt und welche Möglichkeiten aus einer Optimierung entstehen können. Die Erhebung eines Digitalisierungsgrades gibt Auskunft darüber, ob und wie viel Digitalisierung genutzt wird, eventuell ergeben sich auch Rationalisierungspotenziale. Nach der Auseinandersetzung mit den drei Managementebenen und den darin verankerten Zielen, gilt es sich den Verantwortlichkeiten sowie den

---

[90] Vgl. Grabner 2019, S. 15.
[91] Vgl. Grabner 2019, S. 15.
[92] Vgl. Dreber 2021, S. 14.
[93] Vgl. Grabner 2019, S. 19.
[94] Vgl. Dreber 2021, S. 14.
[95] Vgl. Grabner 2019, S. 19.
[96] Vgl. Grabner 2019, S. 19.
[97] Vgl. Dreber 2021, S. 14.

Rollenklarheiten anzunehmen und spezifische Rollen im Kontext des Geschäftsprozess-managements einheitlich festzulegen. Hierfür lassen sich fünf Rollentypen kategorisieren:

1. Chief Process Officer (CPO)
2. Prozessverantwortliche (Process Owner)
3. Prozessexpert:innen
4. Prozessberater:innen
5. Prozesscontroller:innen

1. Chief Process Officer (CPO)

Die Gesamtverantwortung für das Implementierungsvorhaben des GPM im Unternehmen trägt der CPO.[98] Darüber hinaus muss er einen Gesamtüberblick über die unternehmens-übergreifenden Geschäftsprozesse haben, damit eine kontinuierliche Weiterentwicklung er-möglicht werden kann.[99]

2. Prozessverantwortliche (Process Owner)

Sobald ein Mitarbeiter im Unternehmen zum Prozessverantwortlichen ernannt wird, ist die-ser für die jeweiligen Prozesse im Unternehmen verantwortlich. Es gilt sicherzustellen, dass der zu verantwortende Prozess mit allen festgesetzten Regeln, Werten und Normen funkti-oniert und gelebt wird.[100] Die Zielrichtung ist stehts im Blick, wie auch die kontinuierliche Weiterentwicklung der Prozesse. Dabei steht er in wechselseitigem Austausch zu Prozess-beteiligten und fungiert zugleich als Impulsgeber für Prozessveränderungen.

3. Prozessexpert:innen

Der Prozessexperte ist in der operativen Ebene tätig, kennt jedes Detail und hat fundiertes Wissen innerhalb eines Prozesses. Bei der Modellierung und Gestaltung neuer Prozesse ist er maßgeblich involviert.[101]

4. Prozessberater:innen

Im Geschäftsprozessmanagement nehmen Prozessberater:innen eine übergeordnete Rolle (ggf. Stabstellen) ein. Diese unterstützen das ganzheitliche Geschäftsprozessma-nagement im gesamten Unternehmen durch Schulungen der Prozessmethodik, bei Pla-nungs-, Modellierungs-, Verbesserungs- und Analysetätigkeiten sowie als Moderator in Meetings und Workshops.[102]

---

[98] Vgl. Bayer /Kühn 2013, S. 27.
[99] Vgl. Dreber 2021, S. 41.
[100] Vgl. Becker et al. 2019, S. 364.
[101] Vgl. Dreber 2021, S. 41.
[102] Vgl. Dreber 2021, S. 41.

5. Prozesscontroller:innen

Reportings über die Prozesszielerreichung verantworten Prozesscontroller:innen.[103] Diese Rolle kann als Unterstützungsfunktion zum Prozessverantwortlichen, als Fachbereich Controlling oder als Stabstelle über alle Prozesse hinweg implementiert werden.[104]

Solange auf dieser Grundlage die eigene Management-Praxis so umgesetzt wird, wird sich die organisationale Wertschöpfung im Zusammenspiel mit der steigenden Umweltdynamik erfolgreich weiterentwickeln. Für die zuvor erläuterten spezifischen Rollen im Kontext des Geschäftsprozessmanagements ist es für Management-Verantwortliche unerlässlich, sowohl die verantwortete organisationale Wertschöpfung als auch die hierzu erforderliche Management-Praxis immer wieder sorgfältig zu reflektieren.[105] Um eine Orientierung für die Aufgaben und Verantwortungsbereiche der Rollentypen zu erlangen, wird nachfolgend das Instrument RACI-Matrix zur Strukturierung der Aufgaben und Verantwortlichkeiten im Prozessmanagement herangezogen. Die RACI-Matrix steht für folgende Verantwortlichkeiten:[106]

- Responsible (Ausführung)
- Accountable (Rechenschaft/Ergebnisverantwortung)
- Consulted (Beratung)
- Informed (Information)

	Chief Process Officer	Prozessver-antwortliche	Prozessexpert:innen	Prozessberater:innen	Prozesscontroller:innen
Definition der Prozessstrategie	A	A	C	C / I	C
Erarbeitung eines Umsetzungsplans	I	A / R	-	C / I	C
Dokumentation	I	A / C	R	-	-

Tabelle 2: RACI-Matrix zur Implementierung eines GPM.

Quelle: Eigene Darstellung in enger Anlehnung an Dreber 2021, S. 44.

Von Tab. 2 ausgehend können drei wesentliche Bestandteile des GPM in der RACI-Matrix abgebildet werden, um dem fiktiven Logistikunternehmen IntCompLog die klaren

---

[103] Vgl. Bayer/Kühn 2013, S. 28.
[104] Vgl. Dreber 2021, S. 41.
[105] Vgl. Hrsg. IMP-HSG 2022.
[106] Vgl. Dreber 2021, S. 44.

Zuordnungen, Verantwortlichkeiten und Unterstützungstätigkeiten aufzuzeigen, welche über die Planung hinaus für die Rollenklarheit im Unternehmen essenziell sind.[107]

Damit die Ganzheitlichkeit beim GPM sichergestellt wird, kann über die Optimierung und Organisation von Geschäftsprozessen hinaus das Konzept des intelligenten Prozessmanagements mit integriert werden. Hierzu wird das „4i"-Phasenmodell mit den Aufgaben Management des Prozessmanagements, Befähigung der Organisation zum Prozessmanagement, Kompetenz- beziehungsweise Personalentwicklung und Nachhaltigkeit näher betrachtet. Zur Aufgabenerfüllung ergeben sich vier Bausteine, die nacheinander durchlaufen werden:[108]

- Inkorporation
- Initiation
- Inklusion
- Integration

In der ersten Phase, der **Inkorporation**, wird die Durchführung eines umfassenden GPM-Programmes vorbereitet. Dies dauert i.d.R. etwa zwei bis vier Monate. Eine nachvollziehbare und kommunizierbare Prozessstrategie wird durch die Verbindung zwischen der vorgegebenen Unternehmensstrategie und dem geplanten Programm aufgesetzt.[109] In dieser Phase gibt es konkrete Aufgaben, wie z. B. das Durchführen einer Selbstbewertung des Unternehmens (Ist-Stand), auf deren Basis dann ein Soll-Zustand abgeleitet werden kann. Zudem sollten Interviews geführt werden. Schlussendlich mündet die Phase in der Formulierung einer auf das Programm ausgerichteten Vision. [110] „Am Ende der Inkorporationsphase sollten das Geschäftsprozessmanagement-Programm in die Unternehmensstrategie eingebunden sein, das Stakeholder-Management begonnen haben, das Deployment-Team aufgestellt und qualifiziert worden sein, die Beteiligten mobilisiert sein und die relevanten Informationen im gesamten Unternehmen kommuniziert sein."[111]

Die **Initiationsphase** mit der konzeptionellen Gestaltung des GPM dauert ca. ein- bis drei Monate. Der Fokus liegt hier in der Ausarbeitung eines Umsetzungsplanes (Deployment-Plan).[112] Darin sind folgende Aspekte charakteristisch: „Einbindung und Unterstützung des Managements aller Ebenen, um Bedenken und Vorurteile aus dem Weg zu räumen […], Einbindung und Aufbau interner Prozessmanagement-Experten und -Expertinnen, sodass das Geschäftsprozessmanagement langfristig ohne externe Berater erfolgen kann und

---

[107] Vgl. Safar 2019.
[108] Vgl. Dreber 2021, S. 47.
[109] Vgl. Fleischmann et al. 2018, S. 168.
[110] Vgl. Dreber 2021, S. 48.
[111] Dreber 2021, S. 48.
[112] Vgl. Dumas et al. 2021, S. 22.

Aufbau einer Infrastruktur, sodass das Zusammenspiel der einzelnen involvierten Fachabteilungen sichergestellt ist."[113]

Im Sinne des GPM werden die Mitarbeitenden in der 12 bis 24 Monaten dauernden **Inklusion**-Phase ausgebildet. Schulungen stehen im Zentrum der Phase und Mitarbeitende bekommen einen tieferen Bezug zu Prozessoptimierungen und werden zur Anwendung des Prozessmanagements befähigt. Es erfordert einen strukturierten Schulungsaufbau sowie ein hohes Maß an Organisations- und Koordinationsgeschick, die angepassten Lerninhalte eines unternehmensspezifischen GPM zu vermitteln.[114]

Die **Integrationsphase** dauert zwei bis vier Wochen und hat im Wesentlichen die Aufgaben der „[…] Dokumentation des in den vorangegangenen Phasen Erarbeiteten, Vergleich der jetzigen Situation mit der Ausgangslage und Übergang des Geschäftsprozessmanagements vom Programmstatus ins Tagesgeschäft."[115] Ab dieser Phase sollte ein intelligentes GPM als selbstverständlich angesehen werden und innerhalb der Unternehmenskultur verankert sein.[116] Eine umfangreiche Dokumentation sollte zudem erarbeitet und zur Verwendung bereitgestellt werden.[117]

Die ganzheitliche Betrachtung des GPM wird durch die Anwendung des intelligenten Prozessmanagements mit integriert.[118] Das „4i"-Phasenmodell mit den beschriebenen Aufgaben sichert die fachliche und nachhaltige Implementierung und führt für das fiktive Logistikunternehmen IntCompLog chronologisch zur Ziel- bzw. Aufgabenerfüllung.[119]

---

[113] Vgl. Dreber 2021, S. 48.
[114] Vgl. Dreber 2021, S. 49.
[115] Vgl. Dreber 2021, S. 48.
[116] Vgl. Hrsg. bitkom, S. 8.
[117] Vgl. Dreber 2021, S. 50.
[118] Vgl. Müllerleile 2019, S. 19.
[119] Vgl. Dreber 2021, S. 47.

Literaturverzeichnis

Appelfeller W., Feldmann C. (2018). *Die digitale Transformation des Unternehmens. Berlin, Heidelberg: Springer Berlin Heidelberg.*

Bayer F., Kühn H. (2013). *Prozessmanagement für Experten. Berlin, Heidelberg: Springer Berlin Heidelberg.*

Becker W., Eierle B., Fliaster A., Ivens B., Leischnig A., Pflaum A., Sucky E. (2019). *Geschäftsmodelle in der digitalen Welt. Strategien, Prozesse und Praxiserfahrungen. Wiesbaden: Springer Fachmedien Wiesbaden.*

Brucker-Kley E., Kykalová D., Keller T. (2018). *Kundennutzen durch digitale Transformation. Business-Process-Management-Studie – Status quo und Erfolgsmuster. Berlin, Heidelberg: Springer Berlin Heidelberg.*

Bucher H. J., Gloning T., Lehnen K. (2010). *Neue Medien, neue Formate. Ausdifferenzierung und Konvergenz in der Medienkommunikation. Interaktiva, Bd. 10. Frankfurt am Main: Campus.*

Christ J. P. (2015). *Intelligentes Prozessmanagement. Marktanteile ausbauen, Qualität steigern, Kosten reduzieren. Wiesbaden: Springer Fachmedien Wiesbaden.*

Dreber A. (2021). *Management digitaler Geschäftsprozesse. Titel Nr. 1360-02. 2. Aufl. Riedlingen.*

Dreber A., Müller S. (2021). *Digitale Prozesse – Grundlagen. Titel Nr. 1359-02. 2. Aufl. Riedlingen.*

Dumas M., La Rosa M., Mendling J., Reijers H. A. (2021). *Grundlagen des Geschäftsprozessmanagements. Übersetzt von Thomas Grisold, Steven Groß, Jan Mendling, Bastian Wurm. Berlin, Heidelberg: Springer Berlin Heidelberg.*

Fleischmann A., Oppl S., Schmidt W., Stary C. (2018). *Ganzheitliche Digitalisierung von Prozessen. Perspektivenwechsel – Design Thinking – Wertegeleitete Interaktion. Wiesbaden: Springer Fachmedien Wiesbaden.*

Grabner T. (2019). *Operations Management. Auftragserfüllung bei Sach- und Dienstleistungen. 4. Aufl. Wiesbaden: Springer Fachmedien Wiesbaden.*

Heinemann G., Gehrckens H. M., Wolters U. J. (2016). *Digitale Transformation oder digitale Disruption im Handel. Vom Point-of-Sale zum Point-of-Decision im Digital Commerce. Wiesbaden: Springer Fachmedien Wiesbaden.*

Hrsg. Bitkom (2016). *Digitale Prozesse. Begriffsabgrenzung und thematische Einordnung.*

Hrsg. Bundesministerium des Innern und für Heimat (BMI) (2017). *Flexibles Arbeiten. Beruf und Privatleben vereinen: Welche flexiblen Arbeitszeiten und -formen in der Bundesverwaltung Beruf und Privatleben vereinen. Zugriff am: 14.07.2022. Verfügbar unter https://www.bmi.bund.de/DE/themen/oeffentlicher-dienst/arbeiten-in-der-bundesverwaltung/flexibles-arbeiten/flexibles-arbeiten-node.html.*

Hrsg. Deutsche Gesellschaft für Personalführung e. V. (DGFP) (2016). *Kompetenzen im digitalisierten Unternehmen. Ergebnisse aus Expertenkreisen im Rahmen eines BMWi-geförderten Forschungsprojekts 2016 (2), S. 40.*

Hrsg. Forum Verlag Herkert GmbH (2022). *Internes Benchmarking. Lexikon für Aus- & Weiterbildung - AKADEMIE HERKERT. Zugriff am: 14.09.2022. Verfügbar unter https://www.akademie-herkert.de/glossar/internes-benchmarking.*

Hrsg. Institut für Systemisches Management und Public Governance (IMP-HSG) (2022). *Das Modell - St. Galler Management-Modell. Zugriff am: 15.09.2022. Verfügbar unter https://www.sgmm.ch/ueber-das-modell/.*

Hrsg. linqi GmbH (2020). *Digitale Workflows für mehr Effektivität. Digitaler Workflow erklärt. Zugriff am: 15.09.2022. Verfügbar unter https://www.linqi.de/de-DE/blog-digitale-workflows.html.*

Hrsg. Netzwerk Prozessmanagement (2018). *Einführung in das strategische Prozessmanagement der öffentlichen Verwaltung. Schriftensatz des Netzwerkes Prozessmanagement März, S. 85.*

Hrsg. NWB Verlag GmbH & Co. KG (2010). *Funktionales Benchmarking - NWB Datenbank. Zugriff am: 14.09.2022. Verfügbar unter https://datenbank.nwb.de/Dokument/380548/.*

Hrsg. NWB Verlag GmbH & Co. KG (2010). *Wettbewerbsorientiertes Benchmarking - NWB Datenbank. Zugriff am: 14.09.2022. Verfügbar unter https://datenbank.nwb.de/Dokument/379465/.*

Lasch, R. (2021). *Strategisches und operatives Logistikmanagement: Prozesse. 3. Aufl.* Wiesbaden: Springer Fachmedien Wiesbaden.

Müllerleile T. (2019). *Prozessakzeptanz. Theoretische und empirische Untersuchung der Akzeptanz und Ablehnung betrieblicher Prozesse. Wiesbaden: Springer Fachmedien Wiesbaden.*

Müller-Seitz G., Beham, F., Thielen T. (2017). *Die digitale Transformation der Wertschöpfung. In: U. Schäffer und J. Weber (Hg.): Controlling & Management Review - Jahrgang 2016. Wiesbaden: Springer Fachmedien Wiesbaden, S. 378–385.*

Proff H., Ahrens C., Neuroth W., Proff H., Knobbe F., Szybisty G., Sommer S. (2021). *Accelerating Digitalization. Chancen der Digitalisierung erkennen und nutzen. Wiesbaden: Springer Fachmedien Wiesbaden.*

Safar, M. (2019). *Geschäftsprozessmanagement als wichtiger Erfolgsbaustein in Unternehmen. Zugriff am: 15.09.2022. Verfügbar unter https://weissenberg-group.de/geschaeftsprozessmanagement-als-wichtiger-erfolgsbaustein-in-unternehmen/.*

Scheer, A. W. (2005). *Prozessorientiertes Product Lifecycle Management. Dordrecht: Springer. Zugriff am: 14.09.2022. Verfügbar unter http://gbv.eblib.com/patron/FullRecord.aspx?p=324425.*

Schmidt, G. (2012). *Prozessmanagement. Modelle und Methoden. 3. Aufl. Berlin, Heidelberg: Springer Berlin Heidelberg.*

Simon C., Hientzsch B. (2014). *Prozesseigner. Wissen & Methoden für Manager von Unternehmensprozessen. Wiesbaden: Springer Fachmedien Wiesbaden.*

Stockinger S. (2020). *Digitale Automatisierung. Verantwortungsvoll in die digi-Verantwortun tale Zukunft! In: Digitale Welt Magazin (3).*

Stieninger M., Auinger A., Riedl R. (2019). *Digitale Transformation im stationären Einzelhandel. In: Wirtsch Inform Manag 11 (1), S. 46–56. DOI: 10.1365/s35764-018-0152-4.*

Stockinger S. (2020). *Digitale Automatisierung. Verantwortungsvoll in die digi-Verantwortun tale Zukunft! In: Digitale Welt Magazin (3).*

Wagner K. W., Patzak G. (2020). *Performance Excellence – Der Praxisleitfaden zum effektiven Prozessmanagement. In: Karl Werner Wagner und Gerold Patzak (Hg.): Performance Excellence - Der Praxisleitfaden zum effektiven Prozessmanagement. München: Carl Hanser Verlag GmbH & Co. KG, S. I–XVII.*